사과나무 독해법

권정희 시조집

상상인 시인선 066

*본문 페이지에서 한 연이 첫 번째 행에서 시작될 때에는 〈 표기를 합니다.
*저자의 의도에 따라 작품의 보조 동사와 합성 명사는 띄어쓰기가 달라질 수 있습니다.

사과나무 독해법

시인의 말

이렇게 마주하고 있는

그러나 아무것도 내 것이라고 볼 수 없는

몸을 떠난 수많은 질문들

겨우 말 하나를 바깥에 두고

눈 위에 언어의 함성으로 발자국을 찍는다

결코 슬픔이 아닌

2025년 1월
권정희

차례

1부
괜찮아 봄이잖아

발화發火	19
배꽃 나빌레라	20
우화루雨花樓에서	21
청벚꽃 나무 아래서	22
늙은 사과나무 독해법	23
붉은 오월	24
민들레 홀씨는 돌아보지 않는다	25
그녀의 집	26
얼레지꽃 3	27
얼레지꽃 4	28
안부 2	29
빈집	30
바위취꽃	31
어떤 날 5	32
어떤 날 6	33
사월	34
개 같은 날의 오후	35
어느 석공의 봄	36

2부

비와 여름의 시간

비의 시간은 멈추지 않는다	39
배롱나무 편지	40
영양 서석지에서	41
소정방폭포	42
사려니 숲에 들면	43
사랑은 장맛비처럼	44
바위취꽃 2	45
그럼에도 불구하고	46
배롱나무 아래서	47
그해 여름	48
여우비	49
여름 장마	50
엉겅퀴 벌리	51
섬댕강나무	52
이별이라 하기에는	53
회화나무 노거수	54
화성 용연에서	55

3부
오래된 슬픔이 가을 아래서

담쟁이 2	59
목불들의 묵언수행	60
여름의 기억은 갇혀 있었다	61
흔적	62
별난 풀이름들	63
누린내풀꽃 2	64
하얀 바다를 건너다	65
어떤 날	66
어떤 날 2	67
그믐달	68
해녀, 금자	69
울산 아지매	70
미르, 별을 빚다	71
타지마할	72
남편	73
할미와 고봉밥	74
몽유도원도여!	75

4부
눈물의 뼛조각 같은 별들의 겨울

소라의 성	79
천수만의 군무	80
별들의 집	81
건조주의보	82
수리취의 겨울나기	83
어떤 후회	84
제한속도 위반	85
어떤 날 3	86
어떤 날 4	87
아, 또	88
아래층 여자	89
밤바다에서	90
바람의 지문	91
감 그리고 새	92
부도탑을 지나며	93
황금보검	94
겨울, 성산에서	95

해설 _ 사계절을 관통한 바람의 울림으로 노래하다 97
이승하(시인, 중앙대 교수)

추천글 _ 한분순(시조 시인)

1부

괜찮아 봄이잖아

발화發花

아무것도

그 무엇도

약속한 건 없지만

민들레 발목이 건너는 이 봄

숨소리 들리지 않게 다가서는 발자국들

배꽃 나빌레라

칠흑의 밤 산등성에

달빛이 쏟아진다

봄을 타고 흐르는

은은한 빛의 전율

그 깊은

심연의 강에

숨죽이는 나비 떼!

우화루雨花樓에서

누구의 손길도 거치지 않은 이곳은
그리움도 사그라든 노승의 눈빛이다
본심을 꿰뚫는 듯한 무심한 경전이다

낡삭은 기둥들을 더듬을 틈도 없이
꽃향기가 후욱, 낯선 나를 세워 놓고
천 년을 품어온 진언, 꽃문자로 내린다

비워야만 비로소 알 수 있는 소리란 듯
이생도 고즈넉하게 낡아가는 거라고
한 생각 잠기는 동안
피워내는 꽃설법

청벚꽃 나무 아래서

이생은 머물지 않고 지나가고 싶었다

걸음을 디딜 때마다
저리 환히 쏟아지는

영혼이
당기는 듯한

푸른 빛에

어쩌지!

늙은 사과나무 독해법

아무도 읽지 않는
비탈길에 사과나무

침묵으로 들끓는 야윈 어깨 다독이며
온몸에 푸른 숨결을 후후 불어 넣는다

식어가는 봄 한때
홀로 건너는 저녁 무렵

꽃들의 안부를 묻는 바람에도 서글퍼져
눈물로 떠나는 봄을 세상에 배웅한다

산다는 건 어둠 속에 등불을 켜 드는 일
가슴에 들어앉은 슬픔의 뼈마디로
밤하늘 별의 눈물을 살에 새겨 보는 일

아직도 못다 쏟은 붉디붉은 문장들
공(空)으로 이르는 길, 없어도 있는 길을
깊어진 눈빛만으로 휘이휘이 가고 있다

붉은 오월

자꾸만 흔들렸다

오월의 하늘 아래

동백꽃처럼 고개 떨군

사진 속 얼굴들이

해마다

웃고만 있다

꽃은 저리 붉은데

민들레 홀씨는 돌아보지 않는다

언제 떠날지는 말하지 않겠다

둥근 목숨 밀어 올리며
무심한 듯 환하게

사나운 바람 쪽으로 깃털을 펴보리라

거칠어진 신음이 흰 비명으로 날릴 때

아무도 생각나지 않았으면 좋겠다

날개를 부풀려봐도
길은 늘 아득하니

그녀의 집

그녀가 별이 되고
까닭 없이 꽃이 지고

제 무게로 내려앉은 등뼈 같은 시간들이
독 오른 가시박처럼 손을 뻗어 오른 곳

삼킨 눈물 같은 가뭇없는 사연들이

하늘을 끌어당기며 흘리는 말씀처럼
오래된 그녀의 집에서 숨을 쉬고 있었다

그녀 없는 세상 속
버려진 꽃처럼

그리움을 키우며 겨우 온 그곳에는
슬픔이 머물 수 없는 봄이 걸려 있었다

얼레지꽃 3

보랏빛 여린 고깔 뒤로 말아 올린 채

마음 하나 둘 곳 없어 고개 숙인 얼레지꽃

이 봄엔
불처럼 뜨건
사랑을 해볼거나

얼레지꽃 4

화피에 새겨놓은 너와 나의 붉은 언약

행여나 꺼질세라 불처럼 지피는 중

사랑은 달리는 거야

봄이잖아

봄

    봄

        봄

안부 2
– 깽깽이풀

오동나무 발아래

곱게 피던 깽깽이풀

올해도 소식 없어

나지막이 불러본다

얘들아

깽깽이 발로

한 걸음씩 와줄래

빈집

오래된 그 집엔 누군가 흘러간다

시퍼렇게 살아오는 기억의 파편들이

해묵은 시간의 흔적을 말해주고 있었다

그들은 이제 다 어디로 갔을까

짓무른 시간들을 탱탱하게 받치고선

꽃잎 연 벚나무만이 생을 환히 밝혀 섰다

나는 눈먼 사람처럼 잠시 머뭇거렸다

미처 걷지 못한 그리움이 남아설까

난분분 꽃잎 속으로 빠져드는 한나절

바위취꽃

돌이킬 수 있다면 돌아가고 싶었다

누군가 풀어놓은 마법 같은 이생에서

잘 익은 봄날 한 철을 노래하며 춤추며

어떤 날 5

복사꽃 핀 봄날을 이렇게 펼쳐놓고

바람이 내 심장을 헤집고 지나갔다

나무가 쏘아 올리는 푸른 촉이 눈부신데

아파도 모르는 척 흘러가는 강물은

스스로 퍼런 생을 흔들며 흘러간다

시리고 긴 이야기를 차마 풀 수 없어서

흔들기를 멈추지 않는 바람을 따라갔다

흐린 마음을 닦다가 까만 눈물을 닦다가

이대로 낯선 숲에서 잠이 들고 싶었다

어떤 날 6

허름한 시골집에 모란이 오를 때쯤

그녀는 그늘에 기대 깊은 잠이 들었다

아주 먼 우주를 향해 시린 생을 묻었다

생기가 빠져나간 그녀의 얼굴에서

청회색 슬픔이 밀려왔다 밀려갈 때

못다 한 말을 삼키며 그 이름을 불렀다

어디에도 없지만 어디에도 가득한

베어도 살아오는 빗장 풀린 그리움 하나

모란꽃 붉은빛으로 출렁이고 있었다

사월

봄 산에

타오르는

저 불길 좀 보아

파도처럼

넘실대며

격렬하게 손 흔드는

꽃들의 붉은 문장을

끌어안고 가는 사월

개 같은 날의 오후

사월의 순한 볕이 길게 서는 오후 한때

골목에서 마주친 누런 개가 짖었다
화들짝 놀란 벚나무 꽃잎을 떨구었다
저 개의 주인은 어디에 있는 걸까
나를 향해 짖어대는 무례한 잦은 경고
꽃잎이 내 발등 위에 살포시 앉을 때쯤
"어쨌길래 우리 애가 이리 짖고 난리냐고"
목줄 쥐고 나타난 개 주인이 소리쳤다
앞뒤 생각 없이 적개심을 드러내는
저 개는 아무래도 주인을 닮은 거다
놀라서 떠는 나는 안중에도 없나 보다

생각을 달리해 봐도 괜스레 억울한 봄

어느 석공의 봄

화서문 성벽 돌을 하나하나 매만질 때
희디흰 꽃잎들이 깃털처럼 앉았다
어둑한 마음 행간에 햇살이 반짝인다
돌아올 저녁이 내게도 있는 걸까
폐허 같은 바람이 박혀 드는 심정으로
허공에 비문을 쓰듯 돌을 쌓아 올렸다
마음이 절실하면 두통을 앓는 건지
천둥 치듯 집 생각에 맘이 절로 쏠려가도
두꺼운 성근 푸넘을 더는 얹지 않았다
꽃이 될 내 기도는 어디쯤 가닿을까
꿈틀대는 것들의 이유 있는 몸부림이
성벽에 고인 시간을 감았다가 푸는 봄

2부

비와 여름의 시간

비의 시간은 멈추지 않는다

수직으로 내리꽂는 허공의 목숨들이

함석지붕 위에서 야단법석 중이다

이제는 나의 시간이라고 불도장을 찍는다

후드득 후드득

내달리는 저 비에

감잎이 내려앉고 수국꽃도 누웠다

까맣게 잊지 말라고 새도록

그래도

비

배롱나무 편지

해마다 여름이면 우체국이 따로 없다
나무마다 톡톡 터지는
안부 담은 꽃 편지들
저마다 마음을 담아 정성껏 내걸었다
백 일 동안 피고 지는
다함 없는 삶이지만
비 내리는 아침에도
노을 진 저녁에도
두고 온 그리움처럼
붉게 쓴다

꽃 편지

영양 서석지에서

오랫동안 알아 온 이, 정녕 하나 없어도

시간이 늘어진 이곳에 앉아 보면

슬픔이 디딜 수 없는 고요를 알게 된다

사백 년 지난 생을 묽게 붉게 써 내려간

쓸쓸한 문장 같은 고택의 경정*으로

누군가 스치는 듯한 배롱 꽃잎 날린다

긴 기다림의 내력이 겹겹의 풍경들이

고택의 누마루에서 숨 고르는 여름날

조금만 아파도 우는 나를 안고 깊어간다

* 경북 영양군 입암면 연당리에 있는 정연방의 정자.

소정방폭포[*]

또다시 수국이 피고 여름이 돌아왔다

혼자일 때보다 더 혼자인 우리는

여름이 다 가기 전에 서귀포로 가야 하리

세상의 모든 강물이 바다로 흘러가듯

어디에도 닿지 않고 맺지 못할 거라면

모든 걸 다 내어주는 그 폭포로 가야 하리

쏴아, 쏴아 폭포수가 얼굴에 와닿으면

수많은 절망들이 잔별처럼 부서지는

혼자서 울어도 좋을 소라의 성,[**] 그 폭포로

[*] 소라의 성 아래쪽에 있는 폭포.
[**] 제주 서귀포 소정방폭포 가는 길목에 있는 북카페.

사려니 숲에 들면

삼나무 즐비한 사려니 숲에 들면
결빙된 시간들이 팽팽하게 풀려나와
한 번도 울어본 적 없는
숲의 소리 듣는다

금이 간 뼈마디들 날 세우는 울음소리
쇳물처럼 솟구치는 무한한 슬픔들이
광야의 말발굽처럼 달려오는 소리, 소리

빈 바람의 무게로 돌아서 나오는 길
아직 다 읽지 못한 숲의 소리 아득한데
온 숲이 뒤척일 때마다
발걸음을 늦추는 나

사랑은 장맛비처럼

종종 빛을 들이다가

아주 짧게, 너를 생각했다

말 한마디 없어도
각별하진 않아도

자꾸만 꽃으로 피는

너 때문에

오늘도 비

바위취꽃 2

나비의 날개를 단 바위취를 아시는지

볕 좋은 봄날이면 바위틈에 몸을 세워
바람에 날개를 펴고 날아오르는 작은 꽃

슬픔조차 비워낸 무아의 저 날갯짓

저마다의 높낮이로 남은 생을 만지지만
전부를 드러내지 않는 울림이 거기 있다

지칠 줄 모르고 달려온 시간만큼
붉고 흰 우주가 한 각씩 깊어간다

이별이 별거 아니라는 듯 내려앉는 꽃향기

그럼에도 불구하고
- 꽃소식

허물어진 봄날,

그녀가 내게 왔다

칼날 같은 모다깃비*에

눈물이 널리는 날

꿋꿋이 고개 내민 그녀

아이고야,

반갑다

* 뭇매를 치듯이 세차게 내리는 비.

배롱나무 아래서

산다는 건 무엇일까

대책 없는 물음 앞에

푸른 멍이 들 때까지

눈을 감고 있었다

가슴에 꽃불을 놓는

붉고 환한 저 시집

그해 여름

여름의 끝에서 본 바닷가 팽나무들

해풍에 격렬하게 몸 흔들고 있었다 누군가를 향해 가는 그리움의 물결로 소금꽃보다 더 진한 푸른 말들을 쏟아내고 있었다 희망과 절망 사이 그 좁은 틈새에서 지쳐가던 나를 향해 쏴아쏴아 파도 소리로 내 영혼을 흔들었다

여름은 충분히 뜨거웠다

뒤돌아보지 않기

여우비

꼬리가 아홉 개인 여우가 지나갔다

큰 북을 두드리며
징을 크게 울리면서

한바탕 살풀이한 뒤

사라졌다

"와아!"

여름 장마

여름은 시작부터 기세가 등등하다

생이 늘 그렇듯 예고편이 없나 보다

갑자기 봇물 터지듯 장대비를 쏟는다

결국 풀어지는 난산의 저 한풀이

맵싸한 수직의 칼춤만이 답이라고

갈기를 세워 달리며 흰 뼈를 묻고 있다

엉겅퀴 별리

제 마음을 내려놓지 못하는 꽃의 울음
빗소리가 자박자박 잦아드는 밤이어도
끝없이 출렁거리는 불꽃을 달았다
피가 나도 아프다 말하지 않는다
팻말 없이 온종일 들락이는 바람 탓에
울음을 참을 때마다 가시가 돋아났다
간절했던 내 기도는 어디로 가야 하나
상처 입은 영혼의 부서지는 문장들
허공을 쓸고 닦는다
깊이깊이 고요히

섬댕강나무

할미는 오늘도 절벽 위에 앉아 있다

생기 잃은 얼굴에 검버섯이 피든 말든
언제나 퀭한 눈빛은 바다를 유영했다
전생엔 저 바닷속 날랜 고래였었나 봐
어쩌다 바다 위를 차고 오르는 꿈을 꾸면
온몸에 붉은빛 돌아 톱니가 돋아났다
바람칼이 지나가고 오월 햇살 부서지면
연심을 담은 꽃, 황색의 꽃이 폈다
아픔이 일으켜 세운 외로움의 상징인가
꽃 필 때면 외롭다고 말하지 않으리라
습관처럼 던져보는 바다 향한 푸른 꿈이
황색의 꽃잎에 기대 바다에 닿으리니

절벽 위 나의 하루가 또 그렇게 저물 테니

이별이라 하기에는

해가 다 저물도록 그는 오지 않았다

바람처럼 나를 흔들어
비처럼 젖게 하는

그만의 흔적을 쫓는 나는 꽃, 꽃이었다

천둥이 잠들기를
어서 지나가기를

가슴을 두드리며 붉은 피를 흘렸다

하얗게 사위어가도
주저앉아 울지라도

회화나무 노거수

저만한 노거수도 천지간에 드문 거다
뒤틀리고 쳐진 몸을 쇠막대에 의지한 채
파랗게 물오른 세상 건너가는 중이다

무정한 비바람에 씻겨가는 세월 동안
제 속에 깃든 사연 삭이고 잠재웠을
저 선승 무량겁 내공 깊어 절로 아리다

밑바닥 어딘가에 타고 있을 생의 횃불
하얗게 불태워서 사리를 빚는 건지
눈뜨는 화엄의 말씀 희끗희끗 감겨온다

화성 용연에서

저 달을 잡고 싶어 바람을 따라왔다
서성이는 잠시 동안 움찔 귀를 세우는 건
반야의 문으로 나온 이무기의 호흡인가
연잎과 왕버들의 속삭임에 묻히고도
지금은 전설로 남은 웃는 얼굴이 슬픈 짐승
피안의 수레 굴리며 세월을 낚고 있나
어둠이 짙을수록 가슴이 떨리는 건
내 것이 아닐 것 같은 내일이 있어서다
아무도 돌아보지 않는 이무기의 울음처럼
고요히 휘몰아치는 도톨한 감정들을
식은땀 흘려가며 끌어안고 여무는 밤
이무기 숨을 모아 쥔 여름도 깊어간다

3부

오래된 슬픔이 가을 아래서

담쟁이 2

이번 생이 환하도록 오르고 또 오른다
벌건 피 적셔 가며 꿈틀대는 풋것들
독을 뺀 퍼런 잎들이 벽 위에 출렁인다

발자국을 찍어가며 뻗어가는 줄기마다
생애를 끌고 가는 어둠도 깊어져 간다
바람의 걸음으로 온 구도자다, 경건한

목불들의 묵언수행

주산지 물속에서 곧게 생을 떠받치고
선계의 깊고 푸르른 꿈을 꾸는 왕버들
물안개 피어오르는 아침을 밀고 있다

겨드랑이 마디마디 무장무장 피어나는
그리움의 깊이로 푸른 잎을 틔우는 일
내 몸의 아픔도 잊고 나를 끝내 지우는 일

파랗게 살고 싶은 검게 타버린 시간들이
저 바닥의 뼈까지 고요를 받아 앉힐 때
시린 발 가만히 묻고
뜨겁게 앓는
목불들

여름의 기억은 갇혀 있었다

마당 가득 능소화가 하르르 떨어졌다

서슬 푸른 장맛비에 토한 피가 제법 붉다

눈물을 털어내지 못한 꽃들의 처절한 풍장

꽃들이 바닥에 누워 지난 생을 지울 때

바람이 젖은 상처를 들추며 지나간다

바닥에 닿지 못한 생을 눈부시다 해야 하나

엉겨 있는 꽃의 얼굴과 마주할 수 없었다

무언가 틈도 없이 덮쳐오는 서글픔

그 이후 여름의 기억은 내내 갇혀 있었다

흔적

이끼 낀 나뭇등걸
벌어진 구멍 새로

고목의 텅 빈 속을
아련하게 바라본다

수백 년
인고의 시간
내려놓은
저 선승

별난 풀이름들

풀에는 별스러운
이름들이 제법 많다

쥐깨풀, 진드기풀, 큰개불알풀. 도둑놈각시풀, 쇠똥가리풀, 속속이풀, 피막이풀, 등에풀, 나도겨풀, 너도방동사니풀, 쇠뜨기풀 등등 누가 먼저 불렀는지 알 수는 없어도 이름에서 왠지 모를 슬픈 것이 어린다

환했다 어두워지는
중대가리 풀처럼

누린내풀꽃 2

바람조차 들지 않는 쨍쨍한 햇살 아래
한껏 달아오른 자주색 저 여인
스스로 눈물이 되어
산기슭을 지켜 섰다

다가설 수 없을 만큼 누린내 흩날리며
울음 같은 외로움을 겹겹이 두른 여인
행여나 들킬지 모를 그리움을 묻었다

한 번도 태운 적 없는 사랑이라 그런 건지
더 이상 아플 일도 젖어 울 일 없는데도
모두가 떠나간 자리
아리게 지켜 섰다

하얀 바다를 건너다
- 억새밭에서

엎드렸던 마음들이 흰빛으로 다가온다
눈시울 젖은 땅에서 허공에 몸 던지듯
닫혀진 시간을 열어 한 생을 불사른다

이 세상 외진 곳에서
날갯짓하는 눈부신 것

뼈마디 일으키는
절경을 펼쳐놓고

바람의
시린 문장을
울컥 받아 적고 있다

어떤 날

흐르는 족족 재가 되는 말만을 남겨 놓고

너는 끝내 거짓말처럼 나를 두고 가버렸다

두 눈에 시들지 않는 꽃이 핀다, 눈물꽃

천지에서 떠밀려온 원치 않은 꿈들이

내 눈물이 떨어진 흔적들을 지웠다

아무 일 없다는 듯이 저무는 저녁 무렵

어떤 날 2

왕벚나무 발아래 속엣말을 묻었다

왔다가 돌아가는 무심한 파도처럼

저 붉은 이마 아래서 성장통을 앓았다

누군가 오래도록 기다릴 것만 같아

바람이 스쳐만 가도 아파서 울었다

온종일 아는지 모르는지 주검처럼 날리는 잎

그믐달

누군가 버린 울음

꽃으로 피는 새벽

허공의 한끝에서 눈썹처럼 걸린 달

풍장 된

그 이름 하나

꾹 찍고 가는 정점

해녀, 금자

호오이, 호오오히 바다 위 저 멀리서
붉은 태왁 부여잡고 숨 고르는 늙은 해녀
오늘도 아슬한 경계 넘나들고 오는 길

망사리에 소라 전복 실하게 차올라도
소식 끊긴 자식 생각 목젖이 타는 밤엔
차디찬 독주를 마신다, 저며오는 덴 가슴

이어도, 이어도 사나 휘감아 도는 노랫가락
잠겼다 떠오르는 우도의 밤은 깊어
이 밤도 기억에 없는 밑줄 하나 긋는다

오래도록 남겨야 할 그 무엇도 없는 생
그래도 바람이나마 햇살 아래 앉고 싶어
슬픔의 뼈대를 꺾어 붉은 해를 맞는다

울산 아지매

울산 아지매는 어름산이 광대였다
부채 활짝 펼쳐 들고 낭창낭창 줄을 타던
왁자한 저잣거리의 공중에 핀 꽃이었다

바람이 불어설까, 땅끝까지 밀려온 생
부채 대신 잡은 칼에 하루가 잘릴 무렵
가끔은 어느 하늘쯤 슬그머니 피고 싶다

살다 보면 누구나 외줄 타는 줄꾼이지
넘어지고 엎어지며 또다시 일어서는
한바탕 꿈같은 세상 푸르러 외로 섧은

걸쭉한 입담 섞인 순대국밥 한 그릇에
신바람 난 식객들 시린 속 풀려가면
아지매 무뎌진 시간들 그리움을 입는다

미르,* 별을 빚다

임오년** 윤오월의 그대 숨결 보듬는다
뒤주 속 울음들이 긴 시간을 거슬러 와
총총히 잔별로 뜨는 고궁의 한여름 밤

망와에 걸린 달, 회화나무 노거수도
사도의 피륙 한 벌 가슴에 묻은 건지
제 속을 비우고 비워 활처럼 휘고 있다

홈바람에 길을 트는 사초 적신 돌층계에
겹겹이 배어 나는 그날의 그 울림을
누군가 밟고 오는지 목이 메어 돌아온다

빛 뿌리는 한마디 말 재가 되어 사라져도
떠나며 남긴 이름 뜨겁게 살아남아
날 선 칼 천강***에 세워 은빛 사리 빚는다

* 미르: 용의 옛말.
** 윤오월: 사도세자가 죽임을 당한 해. 1762년을 말함.
*** 천강: 별자리 이름. 28수 가운데 혜성에 속함.

타지마할

야무나 강가에서 타지마할*을 보았다
아내를 잊지 못해 조성한 찬란한 묘
궁중에 떠 있는 듯한 신비감이 서려 있다

경배하듯 늘어선 사이프러스 앞에는
슬픔이 가만 멈춰 연못 속을 비추는지
우뚝 선 흰 울음 궁전 꿈을 꾸듯 환하다

사랑의 그 무게가 얼마나 깊었으면
긴 세월 이어 이어 그 마음이 빛이 날까
영롱한 별을 품은 듯 모두 숨을 멈춘다

노을이 낯선 나를 가로질러 가는데
정원의 텅 빈 고요가 자꾸 따라붙었다
이별은 기다림의 뼈 주술처럼 풍기며

* 인도 아그라Agra의 남쪽, 야무나yamuna 강가에 자리 잡은 궁전 형식의 묘지.

남편

바라만 보아도 좋은 게 내겐 있다

모진 폭우 속에서도 땡볕 아래에서도

모든 걸 나누어지며 먼 길 함께 온 사람

제아무리 계절이 바뀌고 흘렀어도

입가에 번지는 미소만 바라봐도

마음이 둥둥 떠가는 둘도 없는 내 사람

할미와 고봉밥

어둑새벽 골목길에 손수레가 굴러간다
평생을 저당 잡힌 할미의 철 밥그릇
봄날을 건져 올리듯 밥알 가득 품었다

행여나 흘릴세라 밥그릇에 힘을 준다
반쯤 꺾인 허리로 끄는 할미의 저 고봉밥
어깨가 들썩이도록 탑이 되어 출렁인다

발목이 저리는지 걸음이 느려진다
곳곳에 박힌 상처 뒷덜미를 채는 바람
깊숙이 받아 안고서 어둠 속을 가는 할미

뼈마디 시려오는 날들이 가벼워지고
그리운 이름으로 저 길 위에 일어설 때
남은 생 흐드러지게 꽃이 피지 않을까

한 생이 꿈틀대는 쉼표 없는 숱한 날을
눈물로 애면글면 함께했을 할미, 밥차
환하게 꽃 다는 날만 기다리면 되겠다

몽유도원도여!

이利보단 의義를 쫓던 군자의 푸른 혼이
안견의 붓끝을 따라 굽이굽이 스몄다가
오백 년 유랑의 시간 궁굴리며 다가온다

질펀한 어제의 꿈 뒤척이며 일어선다
무릉에 닿지 못한 허기진 마음들이
꿈인 양 무릉도원을 수묵화로 펼쳤네

복사꽃 띄운 물에 시문을 읊조리던
안평과 문우들은 어느 골짝 오시는지
안부는 화답도 없이 메아리로 휘돌고

쓰라린 역사를 안고 침묵하는 도원도여
좀처럼 잡히지 않는
불길이다, 천상 너는
긴 밤을 파고 저미는 뼈를 깎는 아픔이다

지나온 세월만큼 보듬지는 못한데도
척박한 유배의 땅 풀려나는 길목에서
기꺼이 두 손 맞잡을 그날을 그려본다

4부

눈물의 뼛조각 같은 별들의 겨울

소라의 성*

책장에 가득 꽂힌 책들 같은 사랑을

저마다 이곳에서 파도처럼 적는다

응축된 시간을 풀어
한 점의 별을 쓴다

* 제주 서귀포 소정방폭포 길목에 있는 북카페.

천수만의 군무

천수만의 겨울은 결코 춥지 않았다
바람 같은 시간들이 유유히 흘러가도
가슴속 묻어둔 불씨 꺼질 줄을 모른다

조금 더 늦기 전에 나를 찾아 떠나온 길
거기, 그 자리에 잡풀은 우거져도
물살을 차고 오르는 새들은 여여하다

새들의 푸른 꿈들은 어디서 오는 걸까
수심을 밝히는 무수한 저 날갯짓
타는 듯 붉은 하늘에 꽃들을 피워낸다

저렇듯 번득이는 새들의 장엄 군무
우회하고 지나치며 어둠을 풀며 간다
그 순간 몸부림의 끝 달 하나가 솟는다

별들의 집

  그 많던 별들은 다 어디로 간 걸까

  밤마다 환히 빛나는 별이 되고 싶다던 엄마는 가고 없고 별들 또한 숨었다 어둠을 밀고 가던 눈물 같던 뼛조각들, 어쩌다 끝내지 못한 사연이 있는 것처럼 모두 빠져나간 하늘

  아무리 올려다봐도 알 길 없는 엄마별

건조주의보

몸에 밴 땀 냄새가 새벽을 밝혀든다
가슴을 짓누르던 캄캄한 시간들이
사내의 굽은 등뼈에 잔별처럼 앉는다

쓸어도 소용없는 세월의 무게 탓에
앞으로 나가려는 발걸음이 무겁다
내게도 꽃 같은 날이 기다리면 오는 걸까

제아무리 생채기가 화살처럼 박혀와도
이제는 조금씩 어둠을 걷을 차례
바람이 야윈 어깨에 꽃잎들을 흩날렸다

이유 없이 피는 꽃은 절대 없는 거라며
핏발선 사내 눈에 눈물 한 방울 넣는 햇살
누군가 순한 빛으로 걸어가는 아침 녘

수리취의 겨울나기

세석평전 하늘 아래 야윈 등뼈 곧추세워
산마루 산빛 보며 흔들리는 목숨 하나
맥 짚는 바람 기척에 가쁜 숨 토해낸다

첩첩이 감겨오는 생의 상처 기억들이
파문이듯 의문이듯 경문처럼 감겨와도
눈 속에 발목을 묻고 시린 속내 다독인다

이울도록 뒤척이는 버석한 너를 두고
어느 누가 마뜩잖게 눈 흘기며 날 세울까
흘려 쓴 겨울 비망록 견고하게 환한 지금

스스로 심지 돋워 유난히 타는 날은
맥박 뛰는 푸른 봄날 설레며 기다린다
발그레 물든 민낯에 감겨드는 저녁놀

어떤 후회

너를 다시 한번 볼 수 있을까 생각한다
나는 너에게 몇 번의 부서짐과 절망과 잘 낫지 않는 상처를 주었다

그럼에도 불구하고 무심히 달리는 난 피우지 못할 꽃나무를 키우고 있는 건지
숨소리 들리지 않게 그리움을 흘린다

한때 지루하게 흔들리던 시간들이 추운 한 해를 기억하고 있기에
순간을 놓쳤던 뼈저림으로 너를 기다린다

제한속도 위반

봄이 오는 길목에서
몸살을 앓는 사이

틈이 나면 시퍼렇게 걸어오는 내 사랑은 놓아도 밀어내도 햇살처럼 내게 온다 잠시 뜨거웠지만 닿지 않는 사람아

늦었다
너무 늦었다
생을 다해 널 잊는 일

어떤 날 3

아무런 기약도 없이

그녀가 떠나갔다

각기 다른 슬픔들이 건너오는 오후 한때

내 손이 닿지 못하는 별들의 집을 향해

어떤 날 4

아플 걸 알면서도 돌아서 가야 했다

깊숙이 떠나간 네가 잊히는 순간까지

슬픔이 온몸을 흔들어 무덤덤할 때까지

아, 또

내 안에 작달비가 장대처럼 내린다

당신을 향해 가는 터질듯한 이 허기

이래도 괜찮은 걸까

가는 곳이 달라도

아래층 여자

붉은 독이 가득한 한 여자가 있었다

통과할 수 없는 봄을 가슴으로 끌어와
수시로 스트레스를 풀고 있다 하였다

충혈된 눈빛으로 적개심을 드러내는
그 여자의 집에는 거센 바람뿐이었다

밤이면 잠들지 못해 독을 세워 울었다

절벽에서 내리는 폭포의 비명 같은
그녀의 울음들이 살아 숨 쉬는 밤

모두가 물에 잠긴 채 귀를 막고 울었다

밤바다에서

눈물처럼 뜨거웠던 사연조차 후려치던

파릇한 물의 문장 파도마저 숨죽인 밤

유일한
슬픔인 너를

읽고 읽고
또 읽는다

바람의 지문

산다는 건

늘 아득하여

벼랑길을 가는 느낌

비우고 지워내고

망초처럼 살자는데

바람이

기약도 없이

길을 지워 버린다

감 그리고 새

감이 톡, 언 땅으로
제 무게를 더는 한낮

가지 끝에 앉은 새는
떠날 줄을 모른다

흰 눈이 내려오려나
하늘색이 먹빛이다

이런 날 갈대숲에
눕고 싶은 마음 일어

한치 제겨 비빌 데 없는
깃을 세워 보는 새

붉은 감
익어 간 소식
지상에 걸어본다

부도탑을 지나며

주춧돌만 남아 있는 폐사지 외진 곳에
책처럼 앉은 탑들이 허공을 쓸고 있다
와르르 쏟아질 듯한 침묵이 파고든다

안거*에 들어간 석탑 속 영혼들
찰나의 순간을 꿈꾸고 있는 건지
천 년을 걸어온 흔적, 이끼처럼 덮고 있다

죽음이 아픈 것은 산 자들의 몫이다
움켜쥔 생의 시간 등짐을 내려놓고
뼈마디 심지 세우고 적멸에 든 고승들

바람의 힘으로 휘돌아 나가는 길
가시 같은 기도들을 탑 위에 놓아 본다
가슴이 쩌릿해지는
노을이 붉은 저녁

---

* 출가한 승려가 일정한 기간 외출하지 않고 한곳에 머무르면서 수행하는 제도.

황금보검

밤마다 튕겨 우는 불의 검 울음들이
누천년 어둠 뚫고 깃을 치며 날고 있다
삼태극 황금색 보검 빛으로 감싸 안고

뛰는 맥박, 도는 숨결 푸릇푸릇 우려내어
제 살을 깎고 깎아 와불처럼 누운 검
첩첩한 은일의 시간 환하게 내걸었다

뜨거운 바람이 부는 격랑의 새 아침
파르라니 우거진 검의 긴 문장들이
명장의 호방한 기백 푸른 숨을 내쉰다

겨울, 성산에서

빛과 바람의 땅 성산의 한겨울은
푸른빛 아니면 온통 붉은빛이다
귤피 밭 타는 저 붉음, 바다마저 달군다

귤피 그물 잡고 끄는 잡부들의 손놀림에
바다가 밀려왔다 스르르 몸을 푼다
귤 향에 취하는 바다, 그 눈빛이 황홀하다

저렇듯 혼을 밝힌 바다여 그대 앞에
끝없는 공허가 세운 바람 집을 허문다
쓸어도 꺼지지 않는 꿈, 다시 또 타오른다

한생 끓는 파도 소리 잦아드는 오후 한때
돌아갈 길 열어놓고 생의 무게 벗겨본다
그제야 보이는 세상 봄볕인 양 환하다

해 설

사계절을 관통한
바람의 울림으로 노래하다

이승하(시인, 중앙대 교수)

　권정희 시인이 세 번째로 이 세상에 펴내게 된 시조집의 이름이 『사과나무 독해법』이다. 이 시조집은 특이하게도 사계절을 노래하고 있다. 시인이 약력에서 밝히고 있듯, 경북 영양에서 태어나 서울에서 성장하였다. 시인이 살고 있는 곳은 서울인데 시인의 의식과 무의식을 지배하고 있는 곳은 시인의 영혼이 부유하고 있는 경북 영양인 듯하다. 하늘 아래 펼쳐져 있는 전통적 서정의 배경이 되는 삼라만상의 모습을 이렇게 유심히 관찰하여 표현하다니, 감탄하면서 읽지 않을 수 없었다. 2024년인 지금 우리나라는 기상이변이 와서 흔히 봄하고 가을은 너무 짧고 여름과 겨울은 너무 길다고 하지만 시인이 어렸을 때는 사계절이 뚜렷했을 것이다. 그 계절의 변화와

각 계절의 아름다움을 시인은 낱낱이 살펴보고 그녀(엄마)의 죽음으로 인해 오는 상실감과 방황과 고뇌, 슬픔을 단시조와 연시조에 담아 노래하고 있다. 그런 점에서 시조집 『사과나무 독해법』은 아주 드문 생태환경을 노래한 시조집이다. 또한 자연과 인간이 형상화되어 서정적 자아의 주관화된 내면과 공존하는 시조집이기도 하다.

해설 지면의 편의상 시 본문에서는 각 행이 연으로 나뉘어 있을지라도 인용할 때는 몇 편 붙여서 쓰는 것을 양해해 주기 바라면서 소감의 글을 써볼까 한다. 제일 첫 번째 작품은 민들레의 발화를 다룬 것이다.

아무것도
그 무엇도
약속한 건 없지만
민들레 발목이 건너는 이 봄
숨소리 들리지 않게 다가서는 발자국들

- 「발화發化」 전문

민들레는 봄이 되면 어디서나 볼 수 있다. 시인은 봄이 왔다는 것을 "민들레 발목이 건너는 이 봄"과 "숨소리 들리지 않게 다가서는 발자국들"로 얘기해주고 있다.

사람들이 인식하지 못한 사이에 어느새 온 천지에 민들레가 피어 있어서 새삼 놀랐다는 것을 얘기해주고 있다, 민들레는 특히나 씨가 어디든 날아가 뿌리를 내리는 놀라운 생명력을 발산하는 봄의 전령이다. 그다음 시는 배꽃을 다룬 것이다.

　　칠흑의 밤 산등성에

　　달빛이 쏟아진다

　　봄을 타고 흐르는

　　은은한 빛의 전율

　　그 깊은

　　심연의 강에

　　숨죽이는 나비 떼!

　　　　　　　　　-「배꽃 나빌레라」 전문

 깜깜한 밤에 달이 떠올랐다. 한밤인데 세상이 환해졌다. 나비 떼를 본 것으로 착각할 정도로 배꽃이 아름답게 피어 있는 것을 보고 전율한다. 이처럼 봄이 되어 산천초목이 모습을 달리한 데 대해 시인은 경탄하는 것이었고, 펜을 들어 그것들을 묘사해 나간다.

　　이생은 머물지 않고 지나가고 싶었다

〈

걸음을 디딜 때마다

저리 환히 쏟아지는

영혼이

당기는 듯한

푸른 빛에

어쩌지!

- 「청벚꽃 나무 아래서」 전문

 벚꽃은 보통 분홍색 또는 흰색의 꽃을 피우는 반면, 청벚꽃은 연한 녹청색이나 회백색을 띤다. 꽃잎이 퍼지면서 약간 청록빛이 돌기 때문에 '청벚꽃'이라고 불리는데 일반 벚꽃에 비해 훨씬 드물게 볼 수 있는 희귀종으로 그만큼 자주 관찰하기 어렵다. 시인은 어느 날 청벚꽃을 보고는 이생을 머물지 않고 지나가고 싶었는데 머물게 되었다고 한 뒤에 "영혼이/당기는 듯한" 충격을 받았다고 한다. 푸른 벚꽃을 보고 어쩔 줄 몰라 하면서 작품이 끝난다. 특히 이 시조는 단형시조인데 다섯 개 연으로 나누어 시각적인 효과를 노리고 있어 더욱더 이채

롭다. 자, 그런데 다음 시조는 자연의 아름다움에 경탄만 하지 않는 시인의 깊은 내면세계를 들여다보게 한다.

언제 떠날지는 말하지 않겠다

둥근 목숨 밀어 올리며
무심한 듯 환하게

사나운 바람 쪽으로 깃털을 펴보리라

거칠어진 신음이 흰 비명으로 날릴 때

아무도 생각나지 않았으면 좋겠다

날개를 부풀려봐도
길은 늘 아득하니
  - 「민들레 홀씨는 돌아보지 않는다」 전문

제일 앞머리의 시조에 나왔던 민들레가 이 시조에서는 거칠어진 신음을 '흰 비명'으로 날리고 있다. 바람이 불면 바람 부는 대로 날려가서 땅에 떨어져 꽃을 피우는 수동적인 존재로 민들레를 인식하지 않고 고뇌하는 존재로 인식하고 있다. "언제 떠날지는 말하지 않겠다"와 "아무도 생각나지 않았으면 좋겠다"는 구절과 제목은 민들레 홀씨의 이동이 부화뇌동의 결과가 아님을 말해주고 있다. 민들레 한 송이도 이유가 있어 피어나고 있으니 이것이야말로 자연의 오묘한 이법이 아니겠는가. 시인은 비탈길에 서 있는 늙은 사과나무를 보고도 안타까움에 사로잡힌다. 네 수로 되어 있는 연시조라서 좀 길지만 전문을 인용한다.

아무도 읽지 않는
비탈길에 사과나무

침묵으로 들끓는 야윈 어깨 다독이며
온몸에 푸른 숨결을 후후 불어 넣는다

식어가는 봄 한때
홀로 건너는 저녁 무렵

꽃들의 안부를 묻는 바람에도 서글퍼져
눈물로 떠나는 봄을 세상에 배웅한다

산다는 건 어둠 속에 등불을 켜 드는 일

가슴에 들어앉은 슬픔의 뼈마디로

밤하늘 별의 눈물을 살에 새겨 보는 일

아직도 못다 쏟은 붉디붉은 문장들

공空으로 이르는 길, 없어도 있는 길을

깊어진 눈빛만으로 휘이휘이 가고 있다

- 「늙은 사과나무 독해법」 전문

  사과나무가 왜 하필이면 비탈길에 서 있는 것인가. 그 자세가 다소 위태로워서 시인은 위로의 말을 건네고 싶었던 것이리라. 그리고 나무나 인간이나 뭇 생명이나 다 자신의 자리를 지킨다는 것이 얼마나 힘든가를 얘기하고 있다. 생명체란 생명현상을 유지하기 위해 갖은 노력을 다하지만 결국은 세상과 결별하고 만다. 불로초라는 식물은 애당초 없었다. 시인은 늙은 사과나무처럼 "아직도 못다 쏟은 붉디붉은 문장들"을 "공空으로 이르는 길, 없어도 있는 길"에서 "깊어진 눈빛만으로 휘이휘이 가고 있다"고 한다. 비탈길에 서 있는 사과나무가 사과를 가지 끝에서 익어가게 하는 것이 쉽지 않듯이 문학의 길을 걸어가고 있는 자신이 시조 한 편을 수확하는 것이 결코 쉽지 않다고 말하고 있다. 저절로 피어나는 꽃은 없고 저절로 열리는 과실 또한 없음을 말하고 싶었던 것이리라.

> 허름한 시골집에 모란이 오를 때쯤
> 그녀는 그늘에 기대 깊은 잠이 들었다
> 아주 먼 우주를 향해 시린 생을 묻었다
>
> 생기가 빠져나간 그녀의 얼굴에서
> 청회색 슬픔이 밀려왔다 밀려갈 때
> 못다 한 말을 삼키며 그 이름을 불렀다
>
> 어디에도 없지만 어디에도 가득한
> 베어도 살아오는 빗장 풀린 그리움 하나
> 모란꽃 붉은빛으로 출렁이고 있었다
>
> - 「어떤 날 6」 전문

 모란을 의인화하고 있다. 모란은 아주 화려한 붉은 꽃인데 허름한 시골집에 봉오리를 맺을 무렵 '그녀'는 그 나무 그늘에 기대어 깊은 잠이 들었다. 즉, 수명을 다했다. 두 번째 수를 보면 그녀의 죽음을 더욱 확실히 인식하게 된다. 세상일이란 것이 그렇다. 새 생명이 태어나는 날, 다른 생명은 숨을 거두는 것이다. 그 집 마당에서 해마다 봄이면 피어나는 모란을 보면서 기뻐했을 사람이 이제 그 꽃을 영영 보지 못하게 된 것이다. 사자를 향한 화자의 그리움을 알 리 없는 모란꽃만 붉은빛으로 출렁인다.「그녀의 집」도 사자가 된 그녀에 대한 그리움이 듬뿍 깃들어 있는 시조다. 권정희 시인의 장점이 잘 드러나 있는「얼레지꽃 3」이나「얼레지꽃 4」에 대한 감상은 독자의 몫으로 남겨 놓고 제2부의 작품으로 넘어간다. 제일 앞머리를 장식하고 있는 시조는 현대시조의 양상을 잘 보여주고 있다.

수직으로 내리꽂는 허공의 목숨들이

함석지붕 위에서 야단법석 중이다

이제는 나의 시간이라고 불도장을 찍는다

후드득 후드득

내달리는 저 비에

감잎이 내려앉고 수국꽃도 누웠다

까맣게 잊지 말라고 새도록

〈

그래도

비

　　　- 「비의 시간은 멈추지 않는다」 전문

　이 작품은 두 수로 이루어져 있는 시조인데 각 수의 종장이 3·7·4·3, 3·5·3·4이다. 하지만 시인은 두 번째 수의 종장을 3·8·3·1로 나눠 놓는다. 그래서 독자에 따라 시조가 아닌 듯한 인상을 받기도 할 것이다. 여름비가 내리는 광경을 아주 실감 나게 그리고 있는데 이런 식의 언어 배치는 시조의 현대화에 일조하고 있다고 봐야 할 것이다. 다음 작품도 그렇다.

해마다 여름이면 우체국이 따로 없다

나무마다 톡톡 터지는

안부 담은 꽃 편지들

저마다 마음을 담아 정성껏 내걸었다

백 일 동안 피고 지는

다함 없는 삶이지만

비 내리는 아침에도

노을 진 저녁에도

두고 온 그리움처럼

붉게 쓴다

꽃 편지

- 「배롱나무 편지」 전문

  두 수로 이뤄진 시조임에 틀림없고 두 번째 수의 종장은 3(두고 온), 5(그리움처럼), 4(붉게 쓴다), 3(꽃 편지)인데 이렇게 2개의 연으로 나눠 놓음으로써 운율이 있는 자유시 같은 인상을 준다. 여름에 배롱나무가 보기 좋게 피어 자연이 사람에게 전하는 꽃 편지 같다는 내용인데 화자의 감정이 잘 이입되어 있다. 이렇게 연을 나눈 것을 파격이라고 해야 할지 모르겠는데, 아무튼 무척 신선한 느낌을 주는 것이 사실이다. 다음 시조는 확실한 고향 노래다.

오랫동안 알아 온 이, 정녕 하나 없어도

시간이 늘어진 이곳에 앉아 보면

슬픔이 디딜 수 없는 고요를 알게 된다

사백 년 지난 생을 묽게 붉게 써 내려간

쓸쓸한 문장 같은 고택의 경정으로

누군가 스치는 듯한 배롱 꽃잎 날린다

긴 기다림의 내력이 겹겹의 풍경들이

고택의 누마루에서 숨 고르는 여름날

조금만 아파도 우는 나를 안고 깊어간다

- 「영양 서석지에서」 전문

경북 영양군 입암면 연당리에 가면 정연방 선생의 정자인 경정敬亭이 있다. 연못 안에는 60여 개의 돌이 있는데 이를 서석瑞石이라고 부른다. 이 중 19개는 이름을 가지고 있다. 서석지瑞石池는 정영방 선생이 1613년(광해군 5년)에 축조한 연못이다. 1979년 12월 31일, 대한민국의 중요민속문화재 제108호로 지정되었다. 담양의 소쇄원, 보길도의 부용원과 함께 대한민국을 대표하는 3대 정원으로 꼽힌다. 시인은 아마도 오랜만에 이곳에 왔거나 어렸을 때 본 것을 추억하면서 썼거나 둘 중 하나일 것이다. 정자에 앉아서 서석지를 보노라니 "슬픔이 디딜 수 없는 고요"를 알게 되었다. "긴 기다림의 내력"이라고 했는데 사백 년 동안 경정과 서석지가 누구를 기다렸을 턱이 없지만 시인은 이곳에서 보게 된 겹겹의 풍경들이 "조금만 아파도 우는 나를 안고 깊어"감을 느낀다. 이 시조를 읽었으니 시인의 고향에 있는 경정과 서석지를

꼭 한번 가서 보아야겠다.

   다음 시조도 자수를 보면 시조가 틀림없지만 행과 연 구분을 아주 교묘하게 하여 언뜻 보면 시조 같지 않다.

   종종 빛을 들이다가

   아주 짧게, 너를 생각했다

   말 한마디 없어도
   각별하진 않아도

   자꾸만 꽃으로 피는

   너 때문에

   오늘도 비

                    - 「사랑은 장맛비처럼」 전문

   한 수로 이뤄진 단시조인데 6개 연으로 나뉘어 있다. 이 작품 속 사랑은 길게 이어지는 사랑이 아니다. 여름날 장맛비처럼 며칠 퍼붓다가 언제 비가 온 것인 양 하늘이 맑게 개는 식의 사랑이다.

花無十日紅이란 말이 있다. 피어 있는 채로 열흘 이상 가는 꽃은 없다는 것이다. 달도 차면 기울고 꽃도 피면 지게 마련이다. 인간의 사랑도 비처럼 며칠은 줄기차게 퍼붓다가 금방 그치는 수가 많다. 연애 시절에 왕성하게 분비되는 호르몬이 결혼하면 몇 개월 만에 확 줄어든다는 말도 있다. 하지만 자꾸만 꽃으로 피는 너 때문에 오늘도 비가 온다니 다행스럽고 좋은 일이다. 그래서 "칼날 같은 모다깃비에/눈물이 널리는 날" "꿋꿋이 고개 내민 그녀"이니 "아이고야,//반갑다"(「그럼에도 불구하고」)고 하는 것이다. 엇시조가 있어서 살펴본다.

    여름의 끝에서 본 바닷가 팽나무들

    해풍에 격렬하게 몸 흔들고 있었다 누군가를 향해가는 그리움의 물결로 소금꽃보다 더 진한 푸른 말들을 쏟아내고 있었다 희망과 절망 사이 그 좁은 틈새에서 지쳐가던 나를 향해 쏴아쏴아 파도 소리로 내 영혼을 흔들었다

    여름은 충분히 뜨거웠다

    뒤돌아보지 않기

                               -「그해 여름」전문

시인은 어느 해 여름이 다 갈 무렵, 바닷가에서 팽나무들을 본 모양이다. 해풍에 격렬하게 몸을 흔들고 있는 팽나무들을 보곤 나무들이 "그리움의 물결로 소금꽃보다 더 진한 푸른 말들을 쏟아내고" 있다고 느꼈다. 화자는 그 무렵에 희망과 절망의 좁은 틈새에서 지쳐가고 있었는데 팽나무들은 내게 활력을 불어넣어 주었던 것이다. 화자에게 그 여름은 충분히 뜨거웠고, 뒤돌아보지 않고 다시금 앞을 향해 나아갈 수 있게 해주었다. 작품이 대충 이런 내용인 듯한데 중장은 자유로운 산문시형을 취하고 있고 종장은 3·7·5·2로 되어 있다. 3·5·4·3 가운데 5가 6이나 7이 되는 경우는 예전에도 현대에도 종종 보게 되는데 5·2는 뜻밖이다. 3·5·4·2도 있다.

꼬리가 아홉 개인 여우가 지나갔다

큰 북을 두드리며
징을 크게 울리면서

한바탕 살풀이한 뒤

사라졌다
"와아!"

― 「여우비」 전문

해가 떠 있는 날 잠깐 오다가 그치는 비를 일컫는 우리말 '여우비'를 새롭게 해석한 것인데 시조로 치면 형식상의 파격이 아닌가 한다.

할미는 오늘도 절벽 위에 앉아 있다

생기 잃은 얼굴에 검버섯이 피든 말든
언제나 퀭한 눈빛은 바다를 유영했다
전생엔 저 바닷속 날랜 고래였었나 봐
어쩌다 바다 위를 차고 오르는 꿈을 꾸면
온몸에 붉은빛 돌아 톱니가 돋아났다
바람칼이 지나가고 오월 햇살 부서지면
연심을 담은 꽃, 황색의 꽃이 폈다
아픔이 일으켜 세운 외로움의 상징인가
꽃 필 때면 외롭다고 말하지 않으리라
습관처럼 던져보는 바다 향한 푸른 꿈이
황색의 꽃잎에 기대 바다에 닿으리니

절벽 위 나의 하루가 또 그렇게 저물 테니

― 「섬댕강나무」 전문

섬댕강나무는 인동과에 속하는 낙엽관목으로 울릉도의 바위틈에서 자라는데 높이가 80㎝에 달한다. 꽃은 연한 황색으로 5월에 가지 끝에 피고, 열매는 둥글고 9월에 익는다. 울릉도에서만 자라 1962년 천연기념물로 지정되었다. 울릉도 하면 바로 독도를 떠올리게 되고, 바로 항일과 애국으로 이어지게 마련인데 이 작품은 그렇지 않다. 흡사 제주도 설화 속의 설문대할망이나 바닷가에서 망부석이 된 박제상의 아내처럼 '아픔'과 '외로움'을 상징한다. 절벽 위에 있는 섬댕강나무라서 해풍과 파도에 밤낮 시달리는 존재이고 화자는 그 나무에 자신을 빗댄다. '섬댕강나무'와 시인의 속내가 어우러져 남은 생을 버티는 원동력이 된다. 다소 어두운 구석이 보이지만 이는 현실을 극복하고자 하는 의지를 보이기 위한 몸부림이 고통으로 승화된 것으로 봐도 무방할 것이다. 이처럼 자연 친화적인 서정 속에서 삶의 의미와 아름다움을 포착해 내는 시인이 특별한 것은 남다른 시선으로 세상을 바라보기 때문이다. 실로 대상을 어루만지는 날카로운 시선이 녹아 있다 하겠다.

이제 조락과 결실의 계절인 가을을 노래한 시조를 보자. 제3부의 몇 작품은 불교적 색채가 농후하다. 「담쟁이 2」「목불들의 묵언수행」「흔적」「타지마할」이 그렇다. 그런데 해설자가 가장 큰 감동을 받는 것은 제주도 해녀를 그린 다음 작품이다.

호오이, 호오오히 바다 위 저 멀리서
붉은 태왁 부여잡고 숨 고르는 늙은 해녀
오늘도 아슬한 경계 넘나들고 오는 길

망사리에 소라 전복 실하게 차올라도
소식 끊긴 자식 생각 목젖이 타는 밤엔
차디찬 독주를 마신다, 저며 오는 덴 가슴

이어도, 이어도 사나 휘감아 도는 노랫가락
잠겼다 떠오르는 우도의 밤은 깊어
이 밤도 기억에 없는 밑줄 하나 긋는다

오래도록 남겨야 할 그 무엇도 없는 생
그래도 바람이나마 햇살 아래 앉고 싶어
슬픔의 뼈대를 꺾어 붉은 해를 맞는다
- 「해녀, 금자」 전문

제주도 우측에 있는 우도에 사는 늙은 해녀 금자는 사는 낙이 독주를 마시는 것이다. 소식 끊긴 자식 생각에 시름을 달랠 길이 술밖에 없는 것이다. "이 밤도 기억에 없는 밑줄 하나 긋는다"나 "슬픔을 뼈대를 꺾어 붉은 해를 맞는다" 같은 구절이 주는 감동의 깊이를 제대로 논하지 못하는 자신의 필력이 원망스럽다. 어름산이 광대를 그린 「울산 아지매」나 손수레를 끌며 살아가는 할머니를 그린 「할미와 고봉밥」 등은 기교파 투수의 투구가 아니라 정통파 투수의 투구다. 형태상의 실험이 없어서 날렵한 언어 감각은 보여주지 않지만 묵직한 공이 독자의 가슴에 스트라이크로 꽂힌다. 이런 시조야말로 시대를 초월하여 명작이 될 수 있다.

겨울을 다룬 제4부를 보자. 이중 아주 재미있는 시조를 한 편 발견했다.

봄이 오는 길목에서
몸살을 앓는 사이

틈이 나면 시퍼렇게 걸어오는 내 사랑은 놓아도 밀어내도 햇살처럼 내게 온다 잠시 뜨거웠지만 닿지 않는 사람아

늦었다
너무 늦었다

생을 다해 널 잊는 일

- 「제한속도 위반」 전문

이른 봄이 더욱 추울 때가 있다. 봄이 온 줄 알고 마음을 놓았다가 꽃샘추위로 된통 고생하는 경우가 있다. 봄이 오는 골목에서 주변을 살펴보면 감기가 아닌 몸살을 앓는 사람이 있다. 그런데 몸살이 몸이 아픈 몸살이 아니라 마음이 아픈 몸살이다. 그 이유를 확인해 보자. 앞에서도 언급된 바와 같이 어느 날 갑자기 찾아온 그녀(엄마)의 죽음에 의한 상실감과 방황, 슬픔의 기압과 세기는 몇 헥토파스칼이었을까 하는 궁금증에 대한 무게가 결코 가볍지가 않다. 시인은 또 다른 봄을 맞이했음에도 그 봄을 즐겁게 맞지 못할 만큼 아프다고, "틈이 나면 시퍼렇게 걸어오는 내 사랑은 놓아도 밀어내도 햇살처럼 내게 온다"는 표현을 하고 있다. 이 시의 문장을 통해 미뤄 짐작해 본다.

아무튼 시인은 "늦었다/너무 늦었다/생을 다해 널 잊는 일"이라고 하면서 제한속도를 위반하면서까지 잊지 못하겠다고 상실의 아픔을 토로하고 있다.

빛과 바람의 땅 성산의 한겨울은

푸른빛 아니면 온통 붉은빛이다

귤피 밭 타는 저 붉음, 바다마저 달군다

귤피 그물 잡고 끄는 잡부들의 손놀림에

바다가 밀려왔다 스르르 몸을 푼다

귤 향에 취하는 바다, 그 눈빛이 황홀하다

저렇듯 혼을 밝힌 바다여 그대 앞에

끝없는 공허가 세운 바람 집을 허문다

쓸어도 꺼지지 않는 꿈, 다시 또 타오른다

한생 끓는 파도 소리 잦아드는 오후 한때

돌아갈 길 열어놓고 생의 무게 벗겨본다

그제야 보이는 세상 봄볕인 양 환하다

- 「겨울, 성산에서」 전문

제주도의 겨울 바다 앞이다. 바닷바람이 보통 추운가. 귤밭을 가꾸는 사람은 겨울이 농한기가 아니다. 빛과 바람과 싸우면서 일하는 잡부들의 손놀림을 보면 감탄사가 절로 나온다. 귤피(귤껍질) 껍질 잡고 끄는 "잡부들의 손놀림에 바다가 밀려왔다" "스르르 몸을 푼다"는 구절이 절묘하다. "돌아갈 길"은 가족이 기다리고 있는 고향으로 난 길인가. 돌아갈 길 열어놓고 생의 무게를 벗겨보니 "그제야 보이는 세상"이 "봄볕인 양 환하다"고 한다. 권정희 시인의 앞날도 환하기를.

권정희 시인의 특징을 내용상으로, 또 형식상으로 살펴보고자 했다. 앞으로 꾸준히 좋은 시조를 써 한국 시조시단을 영원히 빛내는 큰 별이 되기를 기원한다.

상상인 시인선 066

사과나무 독해법

지은이 권정희

초판인쇄 2025년 1월 6일 **초판발행** 2025년 1월 13일

펴낸곳 도서출판 상상인 **편집주간** 황정산 **펴낸이** 진혜진

표지디자인 최혜원 **기획·마케팅** 전은빈 최유림 노혜림 정현수

책임교정 종이시계 **편집** 세종PNP

등록번호 제572-96-00959호 **등록일자** 2019년 6월 25일

주소 06621 서울시 서초구 서초대로74길 29, 904호

전화번호 02-747-1367, 010-7371-1871

팩스 02-747-1877 **전자우편** ssaangin@hanmail.net

ISBN 979-11-93093-82-5 (03810)

값 12,000원

* 이 책은 2024년 예술인복지재단 창작지원금을 받아 출판하였습니다.
* 이 책은 전부 또는 일부 내용을 재사용하려면 반드시 저작권자와 도서출판 상상인의 동의를 받아야 합니다.
* 이 도서의 국립중앙도서관 출판시도서목록(CIP)은 서지정보유통지원시스템 홈페이지(http://seoji.nl.go.kr)와 국가자료공동목록시스템(http://www.nl.go.kr/kolisnet)에서 이용하실 수 있습니다.